はじめに

外国語学習をロケット発射にたとえる人がいるそうです．ロケットが最初に力をつけて地球の引力圏を突破しないと地上に引きもどされるように，外国語学習も最初に一定の水準を突破しないと先が続かないというのです．エスペラントの学習でも同じように，おとなの場合には短期間の集中講座で一定の水準まで達するようにしたほうが効果的なようです．

この小冊子はそのような集中講座方式で学習されることを考えてつくりました．文法の基本的事項を20のセクションにまとめて罫で囲み，それに関連した読物がその下に載せてあります．紙面の都合で全文の訳をつけることはできませんが，できるだけ

詳細な訳注　　　　　　　　　くり返し載せて，読　　さを計りました．

文法事項の説明では，専門用語をなるべく使わないで，やさしく分りやすい説明を試み，必要に応じて脚注の中で，補足的説明を加えたほか，英語との比較，対応を示しました．

この出版は日本エスペラント学会事務局長忍岡守隆氏のご尽力と，編集部のみなさんのご協力に負うところが大きいので，これらの方々に対して心から感謝の意を表します．また，草稿の段階で助言をお寄せくださった柴山純一氏，山川修一氏，ヤマサキ　セイコー氏に対しても深い感謝の意を表します．

1989年1月　　　　　　　　　　　　　　　　　　　　阪　　　直

凡　　例

→　：参照先を示します．

／　：語根（→§3），接頭辞・接尾辞（→§19）の区分を示します． mal/jun/ulo
　　煩を避けるために品詞語尾（→§3）との区分は，基本単語表と本文の一部だけにとどめ，そのほかでは省略してあります．

＜　：＜の後の語から直前の語が派生したことを示します． scienc/isto＜scienco

〔　〕：カッコ内の語が省略できることを表します． je la dua〔horo〕

太文字：エスペラントとその訳語との対応を示します． por si 自分のために

エスペラントのアルファベットは28文字からなり，それぞれの文字には大文字と小文字があります．大文字は文の書きはじめや，固有名詞（人名，地名など）の最初の文字に使われます．

文字の名称は，母音字は発音そのまま，子音字はその表す発音に o をつけて呼びます．文字の名称は，すこし長めに発音されます．

大文字	小文字	名　称	発　音	大文字	小文字	名　称	発　音
A	a	a　ア	[ɑ]　ア	K	k	ko　コ	[k]　クル
B	b	bo　ボ	[b]　ブ	L	l	lo　ロ	[l]　ルル
C	c	co　ツォ	[ts]　ツ	M	m	mo　モ	[m]　ム
Ĉ	ĉ	ĉo　チョ	[tʃ]　チ	N	n	no　ノ	[n]　ヌ
D	d	do　ド	[d]　ド	O	o	o　オ	[o]　オ
E	e	e　エ	[e]　エ	P	p	po　ポ	[p]　プル
F	f	fo　フォ	[f]　フ	R	r	ro　ロ	[r]　ルル
G	g	go　ゴ	[g]　グ	S	s	so　ソ	[s]　スル
Ĝ	ĝ	ĝo　ヂョ	[dʒ]　ヂ	Ŝ	ŝ	ŝo　ショ	[ʃ]　シル
H	h	ho　ホ	[h]　フ	T	t	to　ト	[t]　トル
Ĥ	ĥ	ĥo　ホ	[x]　フイ	U	u	u　ウ	[u]　ウ
I	i	i　イ	[i]　イ	Ŭ	ŭ	ŭo　ウォ	[w]　ゥウ
J	j	jo　ヨ	[j]　ィイ	V	v	vo　ヴォ	[v]　ヴ
Ĵ	ĵ	ĵo　ジョ	[ʒ]　ジ	Z	z	zo　ゾ	[z]　ズ

a ：口を上下に広くあけて発音する「ア」．

e ：日本語の「エ」よりすこし口を広くあけて発音する「エ」．

i ：唇を左右に引き，上下の幅をせまくして発音する「イ」．

o ：唇を丸めて発音する「オ」．

u ：丸めた唇を突き出して発音する「ウ」．

ĥ ：「ゴッホ」というときの「ホ」の頭にあらわれる音をもっと強く発音する「フ」．

l ：舌の先を上の歯の裏に軽くあてたままで発音する「ル」．

n ：舌の先を上の歯の裏につけて発音する「ン」．「センエン（千円）」の中のふたつの「ン」のように発音したり，唇を閉じたりしないように注意．

r ：舌先をふるわせる巻き舌の「ル」．または舌先をどこにもつけずに発音する「ル」．

f, v ：下唇を上の前歯にあてて発音する「フ」，「ヴ」．

ŝ, ĵ ：日本語の「シャ行」の頭にあらわれる音を強く発音するのがŝで，息のかわりに声を出すとĵになります．ĝ（日本語の「ヂャ行」の頭にあらわれる音を強く発音する音）とĵとの区別に注意しましょう．

大文字と小文字の使いわけは，英語とほぼ同じです．

　単語はすべて書かれているとおりに読まれます．アクセントはいつも最後から2番目の音節にあり，アクセントのある音節の母音は，ほかの音節の母音より強く長めに発音されます．*　韻文では名詞語尾の -o が省略されて，' で表されていることがありますが，その場合もアクセントの位置は変わりません．

knábo	knabíno	knabinéto	;	knáb',	knabín',	knabinét'
クナーボ	クナビーノ	クナビネート		クナーブ	クナビーン	クナビネート
(少年)	(少女)	(小さい女の子)		(注) ´ はアクセントのある音節		

　*　アクセントのある母音の後に子音が2個あるときは，その母音を短く発音しますが，bl, br, dr, tr などの前の母音は長く発音されるのがふつうです．しかし，短く発音してもかまいません．エスペラントでは，日本語の「奉仕（ほうし）」と「星（ほし）」などに見られるような長母音と短母音との区別で語の意味が変わることはありません．

1 al, 2 aŭ, 3 ĉu, 4 eĉ, 5 en, 6 ho,
7 jam, 8 ĵus, 9 la, 10 mi, 11 nun, 12 plu,
13 por, 14 post, 15 si, 16 ŝi, 17 trans,
18 bela, 19 ĉambro, 20 dekstra,
21 edzo, 22 eĥo, 23 ĝoji, 24 hejmen,
25 inter, 26 ĵeti, 27 kial,
28 kiel, 29 paco, 30 patro, 31 plaĉi,
32 ruĝajn, 33 super, 34 ankoraŭ,
35 instrui, 36 komenci,
37 merkredo, 38 neniu, 39 precipe,
40 scienco, 41 trankvila, 42 ordinara,
43 speciala, 44 universitato,
45 ekkoni, 46 ellerni,
47 transsendi, 48 interrompi,
49 krom mi, 50 kun ni, 51 manĝi fiŝon,
52 Uzi tian rimedon mi ne volis, sed
devis por raporti la veron al la mondo.

1 アル，2 アゥ，3 チュ，4 エッチ，5 エン，6 ホ，7 ヤム，8 ジュス，9 ラ，10 ミ，11 ヌン，12 プルゥ，13 ポル，14 ポスト，15 スィ，16 シィ，17 トランス，18 ベーラ，19 チャンブロ，20 デクストラ，21 エッゾ，22 エーホ，23 ヂョーィイ，24 ヘィメン，25 インテル，26 ジェーティ，27 キアル，28 キエル，29 パーツォ，30 パートロ，31 プラーチィ，32 ルーヂャイン，33 スーペル，34 アンコーラゥ，35 インストルーイ，36 コメンツィ，37 メルクレード，38 ネヌィーゥ，39 プレツィーペ，40 スツィエンツォ，41 トランクヴィーラ，42 オルディナーラ，43 スペツィアーラ，44 ウヌィヴェルスィタート，45 エッコーヌィ，46 エルレルヌィ，47 トランスセンディ，48 インテルロンピ，49 クロム　ミ，50 クン　ヌィ，51 マンヂィ　フィーション，52 ウーズィ・ティアン・リメードン・ミ・ネ・ヴォーリス，セッ・デーヴィス・ポル・ラポルティ・ラ・ヴェーロン・アル・ラ・モンド．

　Saluton!（やあ）　　　　　サルートン．
　Bonan matenon!（おはよう）　ボーナン・マテーノン．
　Bonan tagon!（こんにちは）　ボーナン・ターゴン．
　Bonan vesperon!（こんばんは）　ボーナン・ヴェスペーロン．
　Bonan nokton!（おやすみ）　ボーナン・ノクトン．

　アクセントのない母音もはっきり発音すること．27 kial, 28 kiel は a と e をはっきり発音しないと両者の区別があいまいになるので注意．52 sed, al の d, l は舌の先を上の前歯の裏から離さずにあとの d, l に続けます．

エスペラントの単語には，品詞の区別を示す語尾をつけている語と，そうでない語とがあります．

品詞語尾をつけているのは，つぎの4品詞です．

名 詞	-o	ĝojo	よろこび
形容詞	-a	ĝoja	うれしい
動 詞	-i(不定形)*	ĝoji	よろこぶ(こと)
副 詞	-e**	ĝoje	うれしそうに

単語の不変部分（上の例では ĝoj）を語根といいます．

* 動詞の基本形．辞書の見出し語にはこの形が使われています．

** hodiaŭ（きょう），nur（ただ〜だけ），tro（あまりに）などのように，-e の語尾をとらない副詞や，ne（〜でない，〜しない），tre（たいへん）のように不変部分が -e で終わっている副詞もあります．

1 aero, 2 akvo, 3 bildo, 4 danĝero,
5 edzo, 6 espero, 7 fiŝo, 8 gaso,
9 homo, 10 kulturo, 11 loko, 12 maro,
13 mateno, 14 naturo, 15 nombro,
16 parto, 17 vespero, 18 vojo,

1 空気，2 水，3 絵，4 危険，
5 夫，2 希望，7 魚，8 ガス，
9 人間，10 文化，11 場所，12 海，
13 朝，14 自然，15 数，
16 部分，17 夕方，18 道，

19 **bona** ideo, 20 **bela** floro,
21 **dolĉa** kuko, 22 **fera** ponto,
23 **alta** monto, 24 **ronda** tablo,
24 **granda** ĝojo,

19 よい考え，20 美しい花，
21 あまい菓子，22 鉄橋，
23 高い山，24 丸いテーブル，
24 大きな喜び，

25 **ĝoje** krii, 26 **bele** kanti,
27 **bone** lerni, 28 **alte** teni,
29 **rapide** kuri, 30 tute **egale** uzi,
30 **almenaŭ** unu jaro

25 うれしそうに叫ぶ，26 美しく歌う，
27 よく学ぶ，28 高く掲げる，
29 速く走る，30 まったく同じように使う，
30 少なくとも1年

━━━━━━━━━━ **Proverboj**（ことわざ）━━━━━━━━━━

Akvo kura, akvo pura.
　流れる水はにごらない．

akvo 水；kura 流れている＜kuri 流れる，
走る；pura 清い

Fino bona, ĉio bona.
　終わりよければ，すべてよし．

fino 終わり；bona よい；ĉio すべてのこと

【 4 】

──── §4 動詞 ────

　動詞語尾には **-i** (不定)，**-as** (現在)，**-is** (過去)，**-os** (未来)，**-us** (仮定)，**-u** (命令) の形があります．主語の人称，数によって形が変わることはありません．

1．**-i** は動詞の意味だけを表し(→§3)，文の中で名詞と同じように主語や目的語，補語になることができます．また，移動を表す動詞 (iri 行く，veni 来る，など) の目的を表したり，名詞や代名詞の後について，それらを修飾することができます．

　　Instrui estas lerni. **教えること**は学ぶことである．(esti ～である)

　　Iru **dormi**. **寝**に行きなさい．(iri 行く)

　　deziro **lerni** **学び**たいという願望(この形では意味があいまいになる場合には por を入れます．)

　　io por **manĝi** 何か**食べる**物 (io 何か；por～ ～のための)

2．**-as**, **-is**, **-os** は，ある事がらを事実として述べる文に使われ，それぞれ現在，過去，未来を表します．

　　Mi **loĝas** en Nara. わたしは奈良に**住んでいます**．(mi わたしは；en～ ～に)

　　Li **loĝis** en Nara. 彼は奈良に**住んでいました**．(li 彼は)

　　Ni **loĝos** en Nara. わたしたちは奈良に**住むつもりです**．(ni わたしたちは)

3．**-us** は事実と反対の仮定，条件，願望を表すときに使われます．また，えん曲な表現としても使われます．

　　Se mi **estus** sana！もし健康だったらいいのに！(se もし；sana 健康な)

　　Mi **volus iri** kun vi. あなたといっしょに**行きたいのですが**．(voli～-i ～したい；**kun** vi あなたといっしょに)

4．**-u** は命令，依頼など話し手の意志を表します．

　A．聞き手に対する場合 (主語をつけないのがふつうです)

　　Venu al mi. わたしのところへ**来なさい**．(veni 来る；al～ ～へ)

　B．話し手自身や，話し手を含む人たちを主語にして「～しよう」を表します．

　　Mi **iru**. わたしが**行きましょう**．Ni **iru**. (みんなで) **行きましょう**．

　C．話し手や聞き手以外を主語にして「～させなさい」，「～させよう」を表します．

　　Li venu al mi. 彼をわたしのところへ**寄こしなさい**．

Ĉio fluas.

Mi pensas, do mi estas.

Fantomo ĉirkaŭvagas en Eŭropo.

Mi venis, mi vidis, mi venkis.

Dividu kaj regu.

ĉio すべてのもの，万物；flui 流れる，流転する；pensi 考える；do だから；esti 存在する；fantomo 幽霊，妖怪；ĉirkaŭ/vagi うろつく；**en** Eŭropo ヨーロッパ**の中で**；vidi 見る；venki 勝つ；dividi 分割する；kaj そして；regi 支配する

━━━━━━━━━━━━━━ **Proverbo** (ことわざ) ━━━━━━━━━━━━━━

Silento estas konsento.

沈黙は承諾．

silento 沈黙；esti ～である；konsento 承諾

　英語の進行形に相当する形はエスペラントにもありますが，ふつうは「～します」，「～しているところです」の区別は形ではなく文脈によります．これは「過去」，「未来」についても同様です．

名詞と形容詞には単数形と複数形とがあり，それぞれに主格と目的格があります．複数形は単数形に -j をつけ，目的格は主格に -n をつけてつくられます．形容詞の数と格はその修飾する名詞の数と格に一致しています．

主格は文の主語（〜は，〜が）や，呼びかけ，前置詞（→§10）の後に使われ，目的格は動詞の目的語として使われます．

bela knabino	（単数主格）	美しい少女（が）
bela**n** knabino**n**	（単数目的格）	美しい少女**を**
bela**j** knabino**j**	（複数主格）	美しい少女**たち**（が）
bela**jn** knabino**jn**	（複数目的格）	美しい少女**たちを**

Ĉinoj amas legadon

1　Ĉinoj tre amas legadon. Homoj legas librojn sur benkoj de promenejoj, en kaj antaŭ stacidomoj. Oni ĉiam vidas homan amasiĝon ĉe librostandoj sur stratoj.

5　Geknaboj legas ne nur en lernejoj, sed ankaŭ sur stratoj, en parkoj kaj aŭtobusoj. Ĉe standoj por luigo de infan-libroj, infanoj absorbiĝas en legado de bildrakontoj.

10　Laŭ lastatempa statistiko ĉiu loĝanto aĉetas en jaro meze dek unu librojn por si.

ĉino 中国人；ami 好きである；tre とても；leg/ado 読書＜legi 読む；homo 人；libro 本；**sur benkoj** de promen/ejo 散歩道のベンチで；en kaj antaŭ〜 〜の中や前で；staci/domo 駅；oni 人びと；ĉiam いつも；vidi 見る；**homa** amas/iĝo 人の集まり；ĉe libro/stando 本の売店で；ge/knaboj 少年少女たち；ne nur **en lern/ejoj**, sed ankaŭ 学校の中だけでなく；**sur** stratoj 路上で；parko 公園；aŭtobuso バス；stando por lu/igo **de infan/libroj** 児童図書の貸出所；absorb/iĝi en〜 〜に夢中になる；bild/rakonto 絵物語；laŭ〜 〜によれば；lasta/tempa 最近の；statistiko 統計；ĉiu 各；loĝ/anto 住民；aĉeti 買う；en jaro 1年に；meze 平均して；dek unu 11（冊）の；**por si** 自分のために

[大意]　中国人はとても読書好きで，道ばたや駅でも本を読んでいる．街頭の本の売店はいつも人がいっぱい．最近の統計では，年間ひとりあたり11冊の本を買っている．

Mi vidas la lunon,	わたしが月を見ていると，	mi わたしは（が）；vidi 見る；la luno
Kaj la luno vidas min;	月もわたしを眺めてる；	月（la は冠詞→§12）；kaj そして；
Dio benu la lunon,	神さま，月にお恵みを，	Dio **benu** la lunon 月に神の**祝福あ**
Kaj Dio benu min.	そして，わたしにお恵みを．	**れ**＜dio 神；beni 祝福する

主格，目的格は，それぞれ名格，対格と呼ばれることもあります．

人称＼数	一般形		再帰形	
	単数	複数	単数	複数
第1人称	mi	ni	mi	ni
第2人称	vi	vi	vi	vi
第3人称	li ŝi ĝi	ili	si	
一般人称	oni			

1．第1人称は「話し手（わたし，わたしたち）」，第2人称は「聞き手（あなた，あなたたち）」を指します．
2．第3人称は話し手と聞き手以外の人，動物，物を指すときに使われ，li は，ふつう人間の男性，ŝi は女性，ĝi はそのほかのものすべてを指します．
3．一般人称 oni は，一般の人びと，または不特定・不明の個人を指します．
4．人称代名詞の所有格（〜の）は -a，目的格（〜を）は -n をつけてつくられます．
5．人称代名詞の所有格の数・格（→§5）はその修飾する名詞の数・格と一致します．
 mia amiko　わたしの友人   mian amikon わたしの友人**を**
 miaj amikoj　わたしの友人**たち** miajn amikojn　わたしの友人**たちを**
6．再帰形は関係する動詞の主語と同一の人，物を表します．したがって，再帰形の主格は前置詞の後に使われるだけで，文の主語になることはありません．第1人称と第2人称の再帰形は一般形と同じ形です．

1 Petro venis kun Karlo kaj **lia** frato. ペトロはカルロと**カルロの**弟といっしょにやってきました．

 Petro venis kun Karlo kaj **sia** frato. ペトロはカルロと**自分の**弟といっしょにやってきました．

 Petro kaj **lia** frato venis.   ペトロと**ペトロの**弟がやってきました．
 Mi bone konas **min mem**.   わたしは**自分自身を**よく知っています．
5 Ŝi bone konas **sin mem**.   彼女は**彼女自身を**よく知っています．
 Ili amas **sin reciproke**.   彼らは**お互いに**愛しあっています．
 Ili amas **siajn** gepatrojn. 彼らは**自分たちの**両親を愛しています．
 Oni amas **sin**.   人は**自分を**愛するものです．
 La historio **sin ripetas**. 歴史は**繰り返す**．（ripeti 〜を繰り返す）

◆◇◆◇◆◇◆◇◆◇ Proverbo（ことわざ） ◆◇◆◇◆◇◆◇◆◇

Ĉiu korniko serĉas similan al si. **ĉiu** korniko どのカラス**も**；serĉi 探す；
類をもって集まる   **similan al** si 自分に似たのを

　　エスペラントでは，ひとつの単語をおぼえると，その語尾をかえて，ほかの品詞として使うことができますが（→§3），そのほか，接頭辞・接尾辞（→§19）をつけたり，ふたつ以上の語を組みあわせて単語をつくることができます．

●接頭辞

　mal- 正反対を表す：nov/a 新しい→ mal/nov/a 古い

　ge- 男女両方を表す：patr/o 父→ ge/patr/o/j 両親（-j は複数形→§5）

●接尾辞

　-in- 女性を表す：vir/o 男性→ vir/in/o 女性

　-ej- 場所を表す：lern/i 学ぶ→ lern/ej/o 学校

●語の組みあわせ

　語根（→§3）を結合して，それに品詞語尾をつけます．子音が続いて発音しにくい場合は，母音* をいれます．　* ふつうは o ですが，意味によっては a, e になります．

　fer/o 鉄＋voj/o 道→ fer/voj/o 鉄道

　lern/i 学ぶ＋libr/o 本→ lern/o/libr/o 教科書

　last/a 最近の＋temp(o) 時期＋e → last/a/temp/e 近ごろ

●前置詞，接頭辞，接尾辞，きまった語尾を持たない副詞にも，品詞語尾をつけて使うことができます．

　anstataŭ ～のかわりに（前置詞）→ anstataŭ/i ～のかわりをする

　mal- 正反対をあらわす（接頭辞）→ mal/e 逆に

　-an- 員，徒（接尾辞）→ an/o メンバー

　hodiaŭ きょう（副詞）→ hodiaŭ/a きょうの

Vespere

1　Jam subiris hela suno,
　Nokt' arbaron ĉirkaŭpremas,
　De la vento arboj tremas —
　Lumigitaj per la luno.
5　　　Plendas mia juna kor'
　　　Pro sopiro kaj dolor'.

　Jen arbaro forte bruas,
　Lun' kaŝiĝas en nebuloj,
　Kaj foliojn de betuloj
10　Sibla vento forte skuas.
　　　Pro sopiro kaj dolor'
　　　Plendas mia juna kor'.

　　　　　　Stanislaw Karolczyk

vespere 夕方に＜vespero 夕方；jam すでに；sub/iri（日）が沈む＜sub 下に＋iri 行く；hela 明るい；suno 太陽；nokt'＝nokto 夜→§2；arb/aro 林＜arbo 木；ĉirkaŭ/premi 抱きしめる＜ĉirkaŭ のまわりを＋premi 押さえる；**de** la vento 風によって；tremi ふるえる；lum/ig/ita **per la luno** 月に照らされた；plendi（苦痛などを）訴える；juna 若い；kor'＝koro 心；pro～ ～のために；sopiro 切ない思い出；dolor'＝doloro 苦痛；jen ほら；forte 強く；brui ざわめく；kaŝ/iĝi かくれる；en～ ～の中に；nebulo 霧，もや；folio 葉；betulo しらかば；sibla ヒューヒューいう；skui ゆさぶる

　　　　スタニスラフ・カロルチク

「学生」など性別を区別する必要のない語は男女両方についていうときでも gestudentoj としないで studentoj とし，studentino のかわりに studento を使うことができます．

● 疑問文にはつぎの 3 つの形があります．*

1．ふつうの文の文頭に ĉu をつけます．

Ĉu vi estas esperantisto？ あなたはエスペランチストですか．

2．ふつうの文の文末に ĉu ne をつけます．（相手に確認や同意を求めるとき）

Vi estas esperantisto, ĉu ne？ あなたはエスペランチストですね．

3．疑問詞（kia, kio, kiu, kies, kie, kial, kiam, kiom, kiel）を文頭につけます．kia, kio, kiu, kie は目的格語尾 -n をとることができます．

Kia estas via nomo？ あなたの名前は**何といいますか**．

Kies verkon vi nun legas？ **だれの作品を**いまお読みですか．

* 会話ではふつうの文の語尾を上がり調子にして疑問文にすることもあります．

● これら 3 つの形の疑問文のうち 1 と 3 は，間接疑問文をつくることができます．

Mi ne sciis, ĉu li estas esperantisto. わたしは彼がエスペランチストである**かど**うか知りませんでした．

（比較：Mi sciis, **ke** li estas esperantisto. わたしは彼がエスペランチストである**ということを**知っていました．）

Ĉu vi scias, **kia estas** lia nomo？ 彼の名前は**何というか**ご存じですか．

---

1 Kiu estas tiu virino？

Ŝi estas s-ino Bruno.

Kio ŝi estas？

Ŝi estas instruisto.

5 Kiun lernobjekton ŝi instruas？

Ŝi instruas muzikon.

Kia instruisto ŝi estas？

Ŝi estas sperta instruisto.

Kiom da lernantoj estas en ŝia lernejo？

10 Ĉirkaŭ 600 lernantoj.

Kiel ŝi iras al la lernejo？

Ŝi piediras al la lernejo.

Kie ŝi loĝas？

Ŝi loĝas najbare de la lernejo.

15 Kiam ŝi fariĝis instruisto？

Tuj post la finiĝo de la studo ĉe universitato.

Kial ŝi fariĝis instruisto？

Ĉar ŝi amas infanojn.

---

kiu だれ；tiu あの；vir/ino 婦人；s-ino 〜さん（既婚の女性につける敬称）<sinjor/ino の省略形, sinjorino と読む；kio なに（人についていうときは職業をたずねる）；instru/isto 教師<instrui 教える；kiu どの；lern/objekto 教科；muziko 音楽

kia どんな；

sperta 経験をつんだ；

kiom da 何人の；lern/anto 生徒；esti いる；lern/ejo 学校；ĉirkaŭ およそ；

600 sescent と読む；kiel どのようにして；iri 行く；al〜 〜へ；pied/iri 歩いて行く；

kie どこに；loĝi 住む；

najbare de 〜の近くに；

kiam いつ；far/iĝi なる；

tuj post〜 〜のすぐあとで；fin/iĝo 修了；**studo** ĉe universitato 大学での**勉強**

kial なぜ；

ĉar なぜなら；infano 子ども

Ĉu 〜？や，〜, ĉu ne？で尋ねられたときは，Jes.（はい），Ne.（いいえ）で答えることができます．

女性の敬称には s-ino（英語＝Mrs.）と未婚女性の敬称 f-ino（<fraŭl/ino の省略形, fraŭlino と読む＝英語 Miss）があります．男子の敬称は s-ro（<sinjoro の省略形, sinjoro と読む＝英語 Mr.）．

──── §9 否定文 ────

1．否定文はふつう，動詞の前に **ne** をおいて表します．

 Mi **ne estas** ĉino. わたしは中国人ではありません．

 Mi **ne povas paroli** la ĉinan lingvon. わたしは中国語を話すことができません．

 La pluvo **ankoraŭ ne ĉesis**. 雨はまだ止んでいません．

2．**nenio, neniu, neniam** などを使った否定文もあります．

 Neniu scias ĉion. すべてを知っている人はいない．

3．**ne** は部分的な否定を表すこともできます．

 Mi **ne tute** komprenis lin. わたしは彼のいうことが**すべて**わかったの**ではない**．

 （比較：Mi **tute ne** komprenis lin. 彼のいうことが**まったく**わから**なかった**．）

 Ne ĉiu riĉulo estas feliĉa. 金持が**みんな**しあわせ**とはかぎらない**．

El *Hamleto (AKTO 1. Sceno 1.)*

1 Teraso antaŭ la palaco. Francisko staras sur la posteno ; Bernardo venas.

Bernardo : He ! Kiu ?

Francisko : Halt' ! Respondu : kiu iras ?

5 Bernardo : La reĝo vivu !

Francisko : Ĉu Bernardo ?

Bernardo : Jes !

Francisko : Vi akurate venis al la servo !

Bernardo : Dekdua horo sonis. Iru dormi.

10 Francisko : Mi dankas. La malvarmo estas tranĉa, kaj mi min sentas nun ne tute bone.

Bernardo : Ĉu ĉio estis orda kaj trankvila ?

15 Francisko : Eĉ mus' ne preterkuris.

Tradukis D-ro L.L. Zamenhof

el～ ～から；Hamleto ハムレット；akto 幕；sceno 景；teraso テラス；antaŭ～ ～の前の；palaco 宮殿；**stari** sur la posteno 見張りに**立っている**；veni 来る；he おい；halt' ! 止まれ；respondi 返事する；iri 行く；La reĝo vivu ! 国王万歳＜reĝo 国王，vivi 生きる；akurate 時間どおりに；servo 任務；dekdu/a horo 12時；soni 鳴る；**iri** dormi 寝に**行く**；mi dankas ありがとう＜danki 感謝する；mal/varmo 寒さ＜varma あたたかい；tranĉa 身を切るような；senti 感じる；nun いま；ĉio 万事；orda 秩序正しい；trankvila 平静な；eĉ ～さえ；mus'＝muso ネズミ；preter/kuri そばを走って通る；traduki 翻訳する；D-ro 博士＜doktoro の省略形，doktoro と読む

ハムレット（第1幕，第1景）から

宮殿前のテラス．フランシスコが見張りに立っている．バーナードがやってくる．B：おい．だれだ．　F：止まれ．答えろ．だれだ．　B：国王万歳．　F：バーナードか．　B：そうだ．　F：時間どおりにやってきたな．　B：12時が鳴った．寝に行けよ．　F：ありがとう．寒さがひどい．気分があまりよくないんだ．　B：万事平穏無事だったか．　F：ネズミ1ぴき通らなかった．

Ne per la pano sole vivas homo.
人はパンだけで生きるものではない．

per～ ～で；pano パン；sole だけ；vivi 生きる；homo 人間

---

 1 の La pluvo ankoraŭ ne ĉesis. は英語の The rain hasn't stopped yet. にあたりますが，エスペラントではこのように現在の状態を過去形で表すことがあります．　4行目の halt' !＜halto は「止まれ」の意味で使われる間投詞．

●前置詞

　前置詞は名詞，代名詞の前について，それらの語とほかの語との関係を示します．ふたつの前置詞がいっしょに使われることもあります．前置詞の後の名詞，代名詞は主格（→§5，§6）になるのを原則とします．前置詞の中には副詞や動詞の不定形（→§3）の前には使われるものもあります．

　　Mi renkontis lin **sur strato**. 街で彼に会いました．

　　Ŝi prenis bildon **el sub la tablo**. 彼女はテーブルの下から絵を取り出しました．

　　Li estas malsana **de hieraŭ**. 彼はきのうから病気です．

　　Mi kuŝiĝis **por dormi**. わたしは眠るために横になりました．

●接続詞 **ke**

　ke の主な用法には次のようなものがあります．

　　Anna diris, **ke ŝi amas min**. アンナはわたしを愛しているといいました．

　　Estas bone, **ke la infanoj ludas en libera aero**. 子どもたちが戸外で遊ぶことはよいことです．（ke 以下が主部．主語が名詞，代名詞以外のとき esti のあとは副詞）

　　Ni ne povas nei la fakton, **ke ni malvenkis**. われわれが敗北したという事実を否定することはできません．

　　Ĉi tiu ŝtono estas **tiel** peza, **ke mi ne povas** levi ĝin. この石はたいへん重いので，わたしは持ち上げることができません．

El *Amiko*

1 Ĉu gravas,
　ke mi
　neniam vin vidis,
　kaj, eble,
5 eĉ neniam mi vin vidos?

　vi estas japano,
　norvego aŭ italo,
　mi dano, ruso,
　aŭ portugalo?
10 Ankaŭ tio
　tute, tute ne gravas,

　ĉar malgraŭ ĉio
　bonaj amikoj ni estas.

　　　　　Nedeljka Subotiĉ

amiko ともだち；ĉu gravas, ke〜 〜ということが重要だろうか；**neniam** vin vidis いちどもあなたに会ったことが**ない**；kaj そして；eble もしかすると；eĉ neniam… vidos いちども会うこと**すら**ない；

japano 日本人；norvego ノルウェー人；aŭ それとも；italo イタリア人；mi dano=mi estas dano わたしはデンマーク人；ruso ロシア人；portugalo ポルトガル人；ankaŭ tio そのこともまた；tute まったく；

ĉar なぜなら；malgraŭ ĉio それでもやっぱり；bona 仲のよい

　　　　　ネデリカ・スボティチ

estas 〜-e, ke は英語の it is 〜 that に相当します．tiel 〜 ke は英語の so 〜 that に相当します．

基数詞はつぎの12語です.

> unu 1, du 2, tri 3, kvar 4, kvin 5, ses 6, sep 7, ok 8, naŭ 9, dek 10,
> cent 100, mil 1000

これらの数詞を組みあわせると 999 999 までをいい表すことができます. 組みあわせ方は日本語と同じです. 基数詞は無変化で, -j, -n をつけません.

0 と100万以上の数は名詞で表されます.

> nulo 0, miliono 100万 (nulo の語根 nul を数詞扱いにする傾向があります.)
>
> 3805 tri ok nul kvin (電話番号)

基数詞に -a をつけると, 序数詞になり, 形容詞と同じように変化します. (→§5)

> unua 第1の, 最初の, dua 2番目の, tria 3番目の

この -a を -e にかえると, 順序を示す副詞になります.

> unue 最初に, due 2番目に, trie 3番目に

dek unu 11, dek du 12, dek tri 13, dek kvar 14, dek kvin 15, dek ses 16, dek sep 17, dek ok 18, dek naŭ 19, dudek 20, dudek unu 21, dudek du 22, tridek 30, kvardek 40, kvindek 50, sesdek 60, sepdek 70, okdek 80, naŭdek 90,

mil naŭcent okdek naŭ 1989, ducent tridek kvar mil kvincent sesdek sep 234 567

La plumoj de birdoj

1 Pasero havas ĉirkaŭ 3 500 plumojn en vintro. Ĝiaj plumoj malmultiĝas ĝis proksimume 3 100 en somero.

Samspecaj birdoj havas preskaŭ
5 saman nombron da plumoj, kaj la nombro de la plumoj ŝanĝiĝas kun la sezonoj.

La plumoj havas tri ĉefajn funkciojn : unue ili donas lev- kaj puŝforton al la flugado de birdoj ; due ili konservas la
10 varmon de la korpo de birdoj ; trie ili servas por ŝirmi la korpon de birdoj.

plumo 羽根 ; de~ ~の ; birdo 鳥 ; pasero スズメ ; havi 持っている ; ĉirkaŭ およそ ; **en** vintro 冬には ; mal/mult/iĝi 少なくなる ; ĝis~ ~まで ; proksimume 約 ; **en** somero 夏には ; sam/speca 同種の ; preskaŭ ほとんど ; sama nombro da 同数の ; la nombro de~ ~の数 ; ŝanĝ/iĝi 変わる ; **kun** la sezonoj 季節とともに ; ĉefa 主な ; funkcio 働き ; doni 与える ; lev- kaj puŝ-forto 揚力と推進力 ; al~ ~へ ; flug/ado 飛行 ; konservi 維持する ; varmo **de la korpo** からだの熱(=体温) ; servi 役立つ ; **por** ŝirmi 守るために

大意 スズメの羽根の数は冬期で約3500, 夏期で約3100. 同種の鳥の羽根の数はほぼ同じで, 季節によって変わる. 羽根の主な働きは3つで, 第1は飛ぶため, 第2は体温の維持, 第3はからだの保護である.

- 冠詞は定冠詞 la があるだけで，不定冠詞はありません．
- la は無変化です．韻文などでは母音の後で l' の形になることがあります．*
  la infano その子供　la infanoj その子供たち　la infanojn その子供たちを
  * de l'（＝de la）は散文でも使われることがあります．
- 冠詞の用法
  1. 総体的に種属や類型をあらわす名詞につけます．
     La hundo estas fidela besto. **犬は**忠実な動物です．
  2. すでに話題となっているか，または了解によって特定化された名詞につけます．
     Fermu **la pordon**. （その）**ドアを**閉めなさい．
  3. 自然物などで唯一，または唯一と考えられている物をあらわす名詞につけます．
     La suno leviĝas en la oriento. **太陽は**東から昇ります．
  4. 修飾語・句・節で明確に特定化された名詞につけます．
     La akvo de ĉi tiu puto ne estas trinkebla. **この井戸の水は**飲めません．
  5. 人称代名詞の所有格（mia, lia, ŝia など，→§6）のかわりに身体の部分や衣服を表す名詞につけます．
     Mi kaptis lin **je la brako**. （la＝lia）わたしは**彼の腕を**つかみました．

Ridu kaj distriĝu

1　Iun posttagmezon en vagono sidis junulo. Ĉe haltejo envagoniĝis maljuna virino. En la vagono ne estis vaka loko. La virino staris antaŭ la junulo. La
5 junulo stariĝis. La virino repuŝis lin per la mano kaj diris, "Ne stariĝu. Mi ne volas sidiĝi."

　La junulo stariĝis ankoraŭfoje. La maljunulino denove repuŝis lin kaj diris,
10 "Vi ne bezonas cedi al mi vian lokon. Mi amas stari."

　La junulo stariĝis la trian fojon kaj kriis antaŭ ol la mano de la maljunulino tuŝus lin, "Ne repuŝu min, mi petas! Mi
15 nun devas elvagoniĝi!"

ridi 笑う；distr/iĝi 楽しむ；**iun** post/tag/mezon **ある**午後に；vagono 車両；sidi すわっている；jun/ulo 若者；**ĉe** halt/ejo 停留所**で**；en/vagon/iĝi（車両に）乗る；mal/juna 年とった；vir/ino 婦人；ne esti ない；**vaka** loko **空いている**席；stari 立つ；antaŭ〜 〜の前に；star/iĝi 立ちあがる；re/puŝi 押しもどす；**per** la mano 手**で**；diri いう；voli 〜-i 〜したい；sid/iĝi すわる；ankoraŭ/foje もういちど；mal/jun/ul/ino 老婦人；de/nove ふたたび；**ne** bezoni 〜する必要が**ない**；**cedi** al〜 〜に**ゆずる**；ami 〜-i 〜するのが好きである；la tri/an fojon 3度目に；krii 叫ぶ；antaŭ ol〜 〜する前に；tuŝi 触れる；mi petas お願いします；nun いま，もう；devi 〜-i 〜しなければならない；el/vagon/iĝi（車両から）降りる

tuŝusは実際には触れなかったことを表します．触れた場合にはtuŝisを使います．

- ●ふたつのものを比べて，その程度が同じであることを表すには tiel... kiel ～（～のように...）を使っていうことができます．(...のところには形容詞か副詞が入ります)

Ŝi estas **tiel aĝa kiel** li. 彼女は彼と同い年です．

Li naĝas **tiel rapide kiel** ŝi. 彼は彼女と同じくらい速く泳ぎます．

- ●ふたつのものを比べて，程度に差があることを表すには pli... ol ～（～より...）を使って表します．

Ŝi estas **pli aĝa ol** li. 彼女は彼より年上です．

Li naĝas **pli rapide ol** ŝi. 彼は彼女より速く泳ぎます．

ol のあとが主格（→§5，§6）になっているときは，それが主語と比較されていることを示しますが，ol のあとが目的格になっているときは，それが動詞の目的語と比較されていることを示します．

Mi konas ŝin pli bone **ol vi**. あなたよりわたしのほうが彼女のことをよく知っています．

Mi konas ŝin pli bone **ol vin**. わたしはあなたのことより彼女のことをよく知っています．

- ●三つ以上の中で，いちばんその程度が大きいことを表すには，形容詞に la plej，副詞には plej をつけます．

Ŝi estas **la plej aĝa** el ni ĉiuj. 彼女はわたしたちみんなの中でいちばん年上です．

Li naĝas **plej rapide** el ni ĉiuj. 彼はわたしたちみんなの中でいちばん速く泳ぎます．

Nov-Zelando

1　Nov-Zelando havas du grandajn insulojn. La Suda Insulo estas pli granda ol la Norda Insulo. Estas pli varme en la Norda Insulo ol en la Suda Insulo.

5　En Nov-Zelando troviĝas du famaj montoj : Cook kaj Egmont. Cook estas la plej alta monto en Nov-Zelando. Ĝi estas tiel alta kiel la monto Huzi. Neĝo kovras ĝian supron tra la tuta jaro. La monto

10 Egmont estas malpli alta ol la monto Cook, kaj ĝia aspekto kopie similas al tiu de la monto Huzi.

Nov-Zelando ニュージーランド；havi～ ～がある；granda 大きい；insulo 島；suda 南の；norda 北の；esti varme 暖かい（気象を表すときは主語なしで補語は副詞）；en～ ～では；trov/iĝi ある；fama 有名な；monto 山；Cook クック；Egmont エグモント；alta 高い；tiel alta kiel la monto Huzi 富士山と同じくらい高い；neĝo 雪；kovri 覆っている；ĝia それの（→§6）；supro 頂上；tra la tuta jaro 1年中；**mal/pli** alta **ol**～ ～ほど高くない；aspekto 外観；kopie simili al～ ～にそっくりである；tiu それ（aspekto のこと）

malpli は英語の less，malplej は least に相当します．tiel ～ kiel は as ～ as と同じです．6行目 Cook, Egmont：世界的によく知られている固有名詞はエスペラント化されていますが，そのほかのものはこのように原語の綴りのまま使われることがあります．

§14 分詞(1)

分詞は動詞の語幹につぎの接尾辞をつけて作られます.

	能　　　動	受　　　動
継続	-ant- （～している）	-at- （～されている）
完了	-int- （～した）	-it- （された）
未然	-ont- （～しようとしている）	-ot- （～されようとしている）

これらに，それぞれ -a, -e, -o の品詞語尾をつけると，分詞形容詞，分詞副詞，分詞名詞として働きます.

● 分詞形容詞

dorm/anta infano　眠っている子供　　　am/ata infano　愛されている子供
mort/inta kato　死んだネコ　　　　　　romp/ita glaso　割られたコップ
fal/onta muro　倒れかかっている塀　　　pres/ota libro　これから印刷される本

Neatendita demando

1　Petro, dek-jara knabo, kuŝis pro mal-
sano en lito. Iu knabo nekonata al la
familio venis en la domon por demandi
pri lia sano.

5　La patrino de Petro estis forte kor-
tuŝita. Ŝi donis al la knabo iom da
dolĉaĵo.

Kiam la knabo estis forironta, li subite
demandis ŝin, "Se Petro mortos, ĉu mi
10　povos havigi al mi lian biciklon?"

☆　　☆　　☆　　☆　　☆

A: Mia edzino ofte parolas pri sia
estinta edzo. Tio malplaĉas al mi.
B: Ne gravas! Mia edzino ĉiam parolas
pri sia estonta edzo.

La homo estas nur kano la plej malforta
en la Naturo ; sed li estas kano pensanta.

---

ne/atend/ita 予期しなかった；demando 質問；dek-jara 10歳の；knabo 少年；kuŝi 寝ている；**pro** mal/sano 病気で；en lito ベッドに；iu ある；ne/kon/ata al～ ～には知られていない＝～の知らない；veni 来る；**en la** domon 家の中へ；**por** demandi 尋ねるために；pri～ ～について；lia **sano** 彼の健康；patr/ino 母＜patro →§7；forte 強く；kor/tuŝ/ita 心を打たれた；doni 与える；iom da 少しの(da のあとは主格)；dolĉ/aĵo 菓子＜dolĉa 甘い→§7；kiam～ ～したとき；estis for/ir/onta 去ろうとした；subite 突然；morti 死ぬ；povi できる；hav/igi al mi 手に入れる；biciklo 自転車；
edz/ino 妻＜edzo 夫；ofte たびたび；paroli **pri**～ ～について話す；est/inta 過去の；tio そのことが；**mal/plaĉi al** mi わたしの気に入らない；ne gravas たいしたことではない；ĉiam いつも；est/onta 未来の

homo 人間；nur 単なる；kano アシ(植物)；mal/forta 弱い＜forta 強い；en～ ～の中で；naturo 自然界；sed しかし；kano pens/anta 考えるアシ＜pensi 考える

10行目の povi は英語の can に相当し，動詞の不定形（→§3）だけを目的語に取ります. devi（＝英 must）も同じです. voli （＝英 want）は動詞の不定形，または名詞，代名詞を目的語に取ります.

【15】

───────── §15　分詞（2）─────────

●分詞副詞

leg/ante la leteron　その手紙を**読みながら**　　**bat/ate** de li　彼に**打たれながら**

leg/inte la leteron　その手紙を**読み終えて**　　**bat/ite** de li　彼に**打たれて**

leg/onte la leteron　その手紙を**読もうとして**　　**bat/ote** de li　彼に**打たれようとして**

●分詞名詞

gvid/anto　指導者（指導する人）　　am/ato　恋人（男性），愛人（愛されている男）

traduk/into　翻訳者（翻訳した人）　　vund/ito　負傷者（傷つけられた人）

Faktoj pri Esperanto (1)

1　La unua universala kongreso de Esperanto estis okazigita en Bulonjo ĉe Maro (Francio) en la jaro 1905.

En la kongreso partoprenis 688 personoj el diversaj landoj. La kongreso
5 kaŭzis grandan entuziasmon inter la partoprenantoj kaj veran sensacion por la ekstera mondo. La unuan fojon en la historio de la homaro oni parolis
10 unusolan lingvon komunan al ĉiuj partoprenantoj diversnaciaj.

fakto 事実；pri～ ～についての；unu/a 最初の；universala kongreso 世界大会；estis okaz/ig/ita 開かれた；Bulonjo ĉe Maro ブーローニュ・シュル・メール（地名）；Franc/io フランス；en la jaro～ ～年に；**en la kongreso** parto/prenis **その大会**に参加した＜parto/preni en～ ～に参加する；persono 人；el～ ～から；diversa さまざまな；lando 国；kaŭzi ひき起こす；granda 大きな；entuziasmo 感激；inter～ ～の間に；parto/pren/anto 参加者；vera 本当の；sensacio 大評判；por～ ～に対して；ekstera そとの；mondo 世界；la unu/an fojon はじめて；historio 歴史；hom/aro 人類；paroli 話す；unu/sola ただひとつの；lingvo 言語；**komuna** al～ ～に**共通の**；ĉiuj すべての；divers/nacia さまざまな民族の

[大意]　第1回エスペラント世界大会は1905年，ブーローニュ・シュル・メールでひらかれた．いろんな国から688人が参加し，人類史上はじめて，さまざまな民族の人たちがひとつの共通のことばを話したのである．

───────────────

Ni semas kaj semas, neniam laciĝas,
Pri l'tempoj estontaj pensante.
Cent semoj perdiĝas, mil semoj perdiĝas,
Ni semas kaj semas konstante.
　　　　　　D-ro L.L. Zamenhof

semi 種をまく；neniam けっして～しない；lac/iĝi 疲れる；l'＝la →§12；tempo 時；est/onta 未来の；pens/ante 考えながら；cent 100；semo 種；perd/iĝi むだになる；mil 1000；konstante 絶えず

分詞副詞を使った分詞構文は，分詞の意味上の主語と主文の主語が一致していなければなりません．英語の独立分詞構文に相当するものは，エスペラントでは慣用句以外にはありません．

「～される，～された，～されるだろう」という動作や，「～されている，～されていた，～されているだろう」という状態は，esti と分詞の受動形（→§14）を使って表されます．

- esti＋～-ata は次の場合に使われます．
  1．状態の継続を表す場合
     Ŝi estas amata de ĉiuj. 彼女はみんなに**愛されている**．
  2．動作の反復を表す場合
     La ĉambro **estas purigata** ĉiutage. 部屋は毎日**掃除される**．
  3．動作の継続を表す場合
     La ĉambro nun **estas purigata**. 部屋はいま**掃除されている**．（掃除中）
- esti＋～-ita は次の場合に使われます．
  1．動作の完了を表す場合
     La ĉambro **estis purigita** hieraŭ. 部屋はきのう**掃除された**．
  2．動作の結果である状態を表す場合
     La ĉambro **estas purigita**. 部屋は**掃除されている**．（掃除されて，きれいになっている）

Faktoj pri Esperanto (2)

1　En la jaro 1913 sub la gvido de Tristan Bernard, fama franca verkisto, oni ekzamenis Esperanton.

　Difinita literatura teksto estis tradukita en Esperanton kaj multajn aliajn lingvojn. Poste la tradukitaj tekstoj estis retradukitaj de aliaj tradukantoj, nekonantaj la originalan tekston, en la lingvon de la originalo.

10　La rezulto montris, ke la plej perfekta traduko estis farita pere de Esperanto, ĉar la teksto retradukita el Esperanto estis la plej proksima al la originalo.

sub～ ～のもとで；gvido 指導；Tristan Bernard トリスタン・ベルナール；fama 有名な；franca フランスの；verk/isto 作家；oni 人びとは；ekzameni 調べる，検討する；difin/ita 決められた；literatura 文学・文芸の；teksto 文章；traduki en ～-n ～へ翻訳する；multaj 多くの；alia ほかの；lingvo 言語；poste そのあとで；re/traduki ふたたび翻訳する→§7；traduk/anto ne/kon/anta ～-n ～を知らない翻訳者；originala もとの；originalo 原文；rezulto 結果；montri 示す；perfekta 完全な；fari おこなう；pere de～ ～を介して；ĉar なぜなら；el～ ～から；**la plej proksima al～ ～にもっとも近い**

[大意]　1913年，エスペラントについての検証がおこなわれた．ある決められたテキストがエスペラントやそのほかのことばに訳され，原文を知らない別の人によって，もとのことばに再翻訳された．その結果，いちばん完全な翻訳はエスペラントによるものであることがわかった．

────────────────────

英語の be＋過去分詞が，esti＋～-ata，esti＋～-ita のふたつの形に分けられることに注意．

● 名詞の目的格（→§5）は動詞の目的語として使われるほか，次のような用法があります．

1．副詞的用法

A．数量（長さ，重さ，価格，回数，時間など）を表すとき

　a．Mi laboras **ok horojn** (＝**dum ok horoj**) ĉiutage. わたしは毎日**8時間**働きます．

　b．Ĉi tiu letero pezas **dudek gramojn** (＝**je dudek gramoj**). この手紙は**20グラム**の重さがあります．

　c．Mi vizitis Londonon **tri fojojn** (＝**je tri fojoj**). わたしはロンドンを**3回**訪れました．

　ĉ．Mia kuzo estas **du jarojn** (＝**per du jaroj**) pli juna ol mi. わたしのいとこは，わたしより**2つ**年下です．

B．日付を表すとき

　Li naskiĝis **la dekan** (＝**en la deka** 〔**tago**〕) de decembro. 彼は12月**10日**に生まれました．

　比較：Li naskiĝis **je la dua** 〔**horo**〕 **kaj kvarono** posttagmeze. 彼は午後**2時15分**に生まれた．注：何時何分に，という時刻を表すときには je を使うのがふつうです．日付は en か目的格，時刻は je で表す習慣が確立しているので tago（日）や horo（時）は省略されることが多い．

C．移動の目標を表すとき

　Mi iris **Pekinon** (＝**al Pekino**). わたしは**北京へ**行きました．

2．前置詞とともに移動の目標を表します．

　Muso kuris **sub la seĝon.** ネズミが**イスの下に**走りこみました．

　比較：Muso kuris **sub la seĝo.** ネズミが**イスの下を**走っていました．

3．前置詞 en とともに動作の結果の状態を表します．

　La vazo rompiĝis **en pecetojn.** つぼは**こなごなに**こわれました．

● 場所，方位，位置を示す副詞に -n をつけて，方向や移動の目標を示します．

　Turnu vin **dekstren. 右を**向きなさい．**Kien** vi iras? **どこへ**行くところですか．

　Mi **venis hejmen** je la sesa. わたしは6時に**帰宅しました．**

　Ili forkuris **malproksimen.** 彼らは**遠くへ**走り去りました．

───────────────

Estas pli facile por kamelo iri tra trueton de kudrilo, ol por riĉulo eniri en la regnon de Dio.

金持ちが神の国に入るよりも，ラクダが針の穴を通るほうがやさしい．

estas pli facile por…〜-i …が〜するほうがやさしい（…が〜-i の意味上の主語）；kamelo ラクダ；iri tra 〜-n を通り抜ける；tru/eto 穴；kudr/ilo 針＜kudri 縫う →§7；riĉ/ulo 金持ち＜rica →§7；en/iri en 〜-n 〜に入る；regno 国；Dio 神

1.Bの比較にある kvarono（1/4＝英 quarter）はここでは15分（1/4時間）のこと．estas 〜-e por……-i は英語の it is 〜 for … to…に相当します．動詞の不定形が主語なので esti のあとは副詞（→§10）.

─── §18 関係詞 ───

ki- ではじまる疑問詞（→§8）には，関係詞としての働きもあります．

1．kiu は名詞，代名詞，または ĉiu, iu, neniu, tiu を受けます．
La knabo, **kiu staras tie,** estas Karlo. あそこに立っている少年はカルロです．

2．kies は名詞，代名詞を受けて，その所有を表します．kies は無変化です．
Mi konas junulon, **kies patro estas fama verkisto.** わたしは父親が有名な作家
である青年と知り合いです．

3．kie は場所をあらわす名詞や，ĉie, ie, nenie, tie を受けます．
Mi vizitis la vilaĝon, **kie li naskiĝis.** わたしは彼が生まれた村を訪れました．

4．kiam は時に関する副詞，名詞，ĉiam, iam, tiam を受けます．tiam は省略され
ることがあります．
Sabato estas la tago, **kiam mi estas la plej libera.** 土曜日はわたしがいちばん
ひまな日です．
Mi legis libron〔tiam〕, **kiam li venis al mi.** 彼が来たとき，わたしは本を読んで
いました．（Kiam ～,〔tiam〕 ～. としても同じです．）

5．kio は先行する文全体や，ĉio, io, tio を受けます．tio は省略されることがあり
ます．
Li sukcesis en la ekzameno, **kio** alportis al li memfidon. 彼はその試験に合格し，
そのことは彼に自信を持たせました．
Ŝi komprenis〔tion〕, **kion mi diris.** 彼女はわたしがいったことを理解しました．

La unua meteostacio sur la monto Huzi

1　La 16an de februaro, 1895, juna scienc-
isto sola grimpis sur la monton Huzi. La
sciencisto, kies nomo estis Nonaka
Itaru,* havis la intencon konstrui meteo-
5 stacion sur la supro de la plej alta monto
en Japanio. Li estis la unua, kiu atingis la
supron de la monto en vintro.

Dum la somero de tiu jaro li konstruis
meteostacion tie kaj komencis
10 meteologian observadon en malfavoraj
kondiĉoj. Lin helpis lia edzino Tiyoko.**

Hodiaŭ nur malmultaj scias pri la
sciencisto kaj lia edzino, kiuj aldonis
gravan paĝon al la historio de la
15 meteologia observado en Japanio.

meteo/stacio 気象観測所；sur～ ～の上
の；monto 山；februaro 2 月；juna 若
い；scienc/isto 科学者＜scienco 科学；
sola ひとりで；grimpi sur ～-n ～に登る；
nomo 名前；havi 持っている；intenco 意
図；konstrui 建てる；supro 頂上；alta 高
い；Japan/io 日本；**la unu/a,** kiu～ ～し
た**最初の人**；atingi に達する；vintro 冬；
dum～ ～の間に；somero 夏；**tiu** jaro **そ
の年**；tie そこに；komenci 始める；
mete/ologia **observ/ado** 気象観測；en
mal/favoraj kondiĉoj **恵まれない**条件の中
で；helpi 手伝う；edz/ino 妻；hodiaŭ 今
日では；**nur** mal/multaj ほんのわずかな人
たち**だけが**；scii 知っている；pri～ ～につ
いて；al/doni 加える；grava 重要な；
paĝo ページ；historio 歴史

エスペラントの関係詞と英語との対応：kiu＝which, who, that；kies＝whose；kie＝where；kiam＝
when；kio＝what；* Nonaka Itaru 野中 至；** Tiyoko 千代子.

【 19 】

● **接頭辞**（語頭につけて，新しい意味の語をつくります.）

bo-	結婚によって生じた関係：bo/filo むこ（娘の夫）＜filo 息子	
dis-	分散：dis/semi 種をばらまく＜semi 種をまく	
ek-	開始，瞬間動作：ek/kuri 走りだす＜kuri 走る	
eks-	前，元：eks/edzo 前夫＜edzo 夫	
ge-	男女関係：ge/edzoj 夫婦＜edzo 夫	
mal-	正反対：mal/bona 悪い＜bona よい	
mis-	誤：mis/uzi 誤用する＜uzi 使う	
pra-	時間的に遠い関係：pra/avo 曾祖父＜avo 祖父	
re-	再度，復帰：re/doni 返す＜doni 与える	

● **接尾辞**（語尾につけて，新しい意味の語をつくります.）

-aĉ-	粗悪，劣悪：dom/aĉo あばら屋＜domo 家
-ad-	動作（連続）：parol/ado 演説＜paroli 話す
-aĵ-	事物：manĝ/aĵo 食べもの＜manĝi 食べる
-an-	員，徒：klub/ano クラブ員＜klubo クラブ
-ar-	集団：arb/aro 森＜arbo 木
-ebl-	されうる：port/ebla 持ち運びのできる＜porti 持ち運ぶ
-ec-	性質：amik/eco 友情＜amiko 友だち
-eg-	強，大：fort/ega 強力な＜forta 強い
-ej-	場所：vend/ejo 売場＜vendi 売る
-em-	傾向，性癖：koler/ema 怒りっぽい＜koleri 怒る 　　　　　　parol/ema 話し好きの＜paroli 話す
-end-	必要：leg/enda 必読の＜legi 読む
-er-	構成要素の個体：ĉen/ero くさりの環＜ĉeno くさり 　　　　　　　　sabl/ero 砂粒＜sablo 砂
-estr-	長：urb/estro 市長＜urbo 市
-et-	弱・小：river/eto 小川＜rivero 川
-id-	子，子孫：kat/ido 子ネコ＜kato ネコ
-ig-	他動詞化，使役：pur/igi そうじする＜pura きれいな
-iĝ-	自動詞化，～になる：vid/iĝi 見える＜vidi 見る
-il-	道具：tranĉ/ilo ナイフ＜tranĉi 刃物で切る
-in-	女性：patr/ino 母＜patro 父
-ind-	される価値のある：am/inda 愛すべき＜ami 愛する
-ing-	ものをさしこんで使う道具：plum/ingo ペン軸＜plumo ペン
-ism-	主義，教義：inter/naci/ismo 国際主義＜inter/nacia 国際的な
-ist-	従事者，主義者：instru/isto 教師＜instrui 教える
-obl-	倍教：du/obla 2倍の＜du 2

-on-	分数：du/ono 半分＜du 2
-op-	集合数：tri/ope 3人1組で＜tri 3
-uj-	容器：mon/ujo さいふ＜mono かね
-ul-	者：jun/ulo 若者＜juna 若い
-um-	意義不定：mal/varm/umi かぜをひく＜mal/varma 寒い

Kongresoj

1 Kiam vi aŭdas la vorton "kongreso", vi verŝajne pensas pri maljunuloj, kiuj parolas pri tre gravaj, sed iom neinteresaj aferoj.

5 Universala kongreso de Esperanto estas tute malsimila al aliaj internaciaj kongresoj. La partoprenantoj el diversaj partoj de la mondo komprenas unu la alian. Ili ne bezonas 10 interpretistojn.

Tre interesaj estas la nacia kaj internacia vesperoj de la kongreso. En la nacia vespero artistoj de la kongresa lando montras al la parto-15 prenantoj sian propran kulturon, kantojn, teatron k.t.p. En la internacia vespero la kongresanoj mem povas montri unu al la aliaj ion de sia lando. Ĝi ordinare daŭras ĝis 20 noktomezo.

En la kongreso ne mankas seriozaj kunsidoj kaj kunvenoj kiel en ĉiuj aliaj kongresoj. Tie oni diskutas pri problemoj rilatantaj al la lingvo, 25 Esperanto-movado, paco, k.t.p.

kongreso 大会；kiam～ ～するとき；aŭdi 聞く；vorto 単語；verŝajne おそらく；pensi 考える；pri～ ～について；mal/jun/ulo 老人；paroli 話す；grava 重要な；iom すこし；ne/interesa おもしろくない＜interesa おもしろい；afero こと；universala kongreso de Esperanto 世界エスペラント大会；tute **mal/simila** al～ ～とまったく**違う**；alia ほかの；inter/nacia 国際的な；parto/pren/anto 参加者；el diversaj partoj **de la mondo 世界の**いろんな地域からの；kompreni 理解する；unu la alian おたがいに；ne bezoni 必要としない；interpret/isto 通訳；nacia 民族の；vespero ゆうべ；art/isto 芸術家；kongresa **lando** 大会の開かれる**国**；montri 見せる；sia propra 自分たち自身の；kulturo 文化；kanto 歌；teatro 演劇；k.t.p. (= kaj tiel plu) ～など；kongres/ano 大会参加者；mem 自身；povi できる；unu al la aliaj おたがいに；ordinare ふつうは；daŭri 続く；ĝis～ ～まで；nokto/mezo 真夜中；manki 欠けている、ない；serioza まじめな；kun/sido 会議；kun/veno 会合；**kiel** en～ ～に おける**ように**；ĉiuj すべての；tie そこでは；diskuti 討議する；problemo 問題；rilat/anta al～ ～に関係のある；lingvo 言語；mov/ado 運動；paco 平和

【 21 】

● 感嘆文（驚き，喜び，悲しみなどの強い感情を表す文）

感嘆文は kia, kiel を文頭につけ，文末には感嘆符（！）をつけます．

Kia bruo! なんという騒音だ．

Kia granda homo li estas! 彼は**なんと偉大な人間なんだろう**．

Kiel feliĉa mi estas! わたしは**なんとしあわせなのだろう**．

● 無主語文

（1） 気象，時刻などをあらわす，主語のない文があります．

Pluvas. 雨が降っています． Estas malvarme. 寒い．（→ p. 14, 3行目）

Estas la sepa〔horo〕. 7時です．

（2） 慣用的に次のような無主語文があります．

Ne gravas. たいしたことではない．

Temas, ĉu ni sukcesos aŭ ne. **問題は**われわれが成功するかどうか**である**．

● ajn

ajn は無差別（～でも），譲歩（～だとしても）を表します．

Venu **ĉiam ajn.** いつでもおいでなさい．

Kiam ajn vi venos, mi vin volonte akceptos. **いつおいでになっても**歓迎します．

Ĉu la maŝinoj ŝanĝas nin ?

Anna Brennan*

1 Antaŭ kelkaj semajnoj, mi aĉetis modernan horloĝon. Ĝi estas malsimila al la malnovaj horloĝoj, ĉar ĝi montras la horon nur per ciferoj. Nun mi rimarkas,

5 ke la nova horloĝo ŝanĝas mian manieron nomi la horojn.

Antaŭe, kiam oni demandis min pri la horo, mi respondis, ekzemple, "Kvarono antaŭ la kvina" aŭ "Dudek post la unua".

10 Nun, anstataŭe, mi rigardas mian horloĝon kaj legas tre precize, "4.47" aŭ "1.19"

maŝino 機械；ŝanĝi 変える；**antaŭ** kelkaj semajnoj 数週間**前**；aĉeti 買う；moderna 近代的な；horloĝo 時計；mal/simila al ～ ～とまるで違う；mal/nova 古い＜nova 新しい；ĉar なぜなら；montri 示す；horo 時刻；**nur per** cifero 数字**だけで**；rimarki 気付く；**maniero nomi** la horon 時刻の**いい方**；

antaŭ/e 以前は；**kiam** oni demandis min 人がわたしに尋ねた**とき**；pri ～ ～について；respondi 答える；ekzemple 例えば；kvar/ono antaŭ la kvin/a ；5時に15分前（＝ 4時45分）；du/dek post la unu/a 1時20分（過ぎ）；anstataŭ/e そのかわりに；rigardi 眺める；kaj そして；legi 読む；tre 非常に；precize 正確に；4.47 la kvar/a kaj kvar/dek sep；

---

* Anna Brennan アンナ・ブレンナン（イタリア人）："Kontakto"誌の前編集者

₁ Pli kaj pli da homoj nuntempe havas tian modernan horloĝon. Ĉu ankaŭ ili trovas, ke ilia lingvouzo ŝanĝiĝas? Eble post dudek jaroj, neniu plu parolos pri ₅ kvaronoj kaj duonoj, ĉar la malnovaj horloĝoj ne plu ekzistos.

Se horloĝo povas ŝanĝi nian lingvouzon, ĉu eblas, ke ankaŭ aliaj maŝinoj ŝanĝas nin en aliaj manieroj? Por uzi ₁₀ komputilon oni devas lerni ne nur novan lingvouzon, sed ankaŭ novan pensomanieron. Komputilo povas kompreni nur tre precizajn instrukciojn kaj ne sukcesas pripensi du aferojn samtempe. ₁₅ Homoj pensas en alia maniero : ili povas facile moviĝi de unu ideo al alia kaj kompreni eĉ tion, kion oni ne diris.

Kelkaj homoj, kiuj multe laboras per komputiloj, portas la komputilan penso- ₂₀ manieron eĉ en la ĉiutaga vivo. Iam mi donis al komputilo malĝustan instrukcion, do mi rapide demandis komputiliston : "Ĉu ekzistas maniero forigi iun instrukcion?" "Jes," li respondis sen plia ₂₅ klarigo. Kiel komputilo li respondis nur miajn precizajn vortojn kaj ne aŭdis la veran demandon, kiu estis : "Kiel oni forigas tiun instrukcion?"

pli kaj pli da homoj ますます多くの人たちが；nun/tempe 現在では；tia そのような；**ankaŭ** ili 彼らもまた；**trovi,** ke ～ ～ということに**気づく**；lingvo/uzo　語法；eble もしかすると；post ～ ～のあとには；jaro 年；neniu plu だれももう～しない；paroli 話す；ne plu ekzisti もう存在しない；

ĉu eblas, ke ankaŭ ～ ～ということもありうるだろうか；en aliaj **manieroj** ほかの**方法**で；**por uzi** komput/ilon コンピュータを**使うために**；**devi** lerni 学ば**なければならない**；ne nur ～, sed ankaŭ... ～だけでなく...も；penso/maniero 考え方；**povi** kompreni 理解**できる**；nur tre precizajn **instrukciojn** きわめて正確な**指示**だけ**を**；sukcesi 成功する；pri/pensi ～を考える；afero こと；sam/tempe 同時に；facile 容易に；mov/iĝi 移る；**de unu ideo** al alia (ideo) **ひとつの考えからほかの考えへ**；**eĉ tion,** kion oni ne diris いわなかった**こと**で**さえ**；

homoj, kiuj multe laboras **per komput/ilo コンピュータ**でたくさん仕事をしている人は；porti 身につけている；ĉiu/taga **vivo** 日常**生活**；iam いつか；doni 与える；mal/ĝusta　正しくない；rapide　いそいで；komput/il/isto コンピュータ専門家；for/igi 取りさる；**sen** plia klar/igo それ以上の説明**なしに**；kiel ～のように；vorto ことば；aŭdi 聞く；vera demando, **kiu estis** ～ ～**という**本当の質問（～という**いちばん**聞きたかったこと）；kiel ～? どのようにして；

Alia komputilisto, kiun mi konas, uzas komputilan pensomanieron eĉ por decidi pri vizito al kinejo. Li demandas sin, ekzemple : "Kian filmon mi volas vidi",
5 "Ĉu mi volas vidi italan aŭ eksterlandan filmon ?" kaj tiel plu, ĝis finfine li trovas la solan kinejon, kiu prezentas ĝuste tian filmon, kian li volas vidi.

Ordinaraj homoj uzas multe malpli
10 precizajn metodojn. Ili rigardas liston de filmoj, elektas unu aŭ du, kiuj ŝajnas interesaj, kaj samtempe demandas sin, ĉu la kinejo estas sufiĉe proksima por alveni ĝustatempe. Eble komputila penso-
15 maniero ŝajnas al vi pli bona, ĉar ĝi estas pli preciza. Ĝi ja estas utila kelkfoje, precipe kiam ekzistas tiom da eblecoj, ke ne eblas pripensi ĉiujn samtempe. Sed en aliaj okazoj, ekzemple por elekti filmon,
20 homoj uzas pli bonajn metodojn. Ili povas pripensi ĉiujn eblecojn samtempe, dum komputilo devas rompi problemon en tre malgrandajn partojn kaj rigardi la partojn unu post alia.
25 Nuntempaj infanoj lernas en la lernejoj kiel uzi komputilon. Tio signifas, ke ili lernas komputilan pensomanieron jam de sia juneco. Ĉu ankaŭ ili poste portos tiun pensomanieron en la ordinaran vivon
30 kiel tiuj du komputilistoj, kiujn mi priskribis supre ? Espereble ne.

kiun mi **konas** わたしが**知っている**；por decidi きめるために；vizito **al kin/ejo**；**映画館へ行くこと**；demandi sin 自問する；voli ～-i ～したい；vidi 見る；itala イタリアの；ekster/landa **filmo** 外国**映画**；kaj tiel plu ～など；

ĝis ～するまで；fin/fine やっと；trovi 見つける；sola ただひとつの；prezenti 上映する；ĝuste まさに；**tian** filmon, **kian li volas vidi** 彼が見たいと思っているような映画；

ordinara ふつうの；uzi 使う；**multe** mal/pli preciza **ずっと不正確な**；metodo 方法；listo 一覧表；elekti 選ぶ；kiuj **ŝaj**-**nas** interesaj おもしろそうに思われる；sufiĉe 十分に；proksima 近い；al/veni 着く；ĝusta/tempe ちょうどよい時間に；ja じつに；utila 有用な；kelk/foje ときには；**precipe** kiam ～ **とくに**～のときには；**tiom da ebl/ecoj, ke ne eblas** pri/pensi ĉiujn (eblecojn) sam/tempe すべて（の可能性）を同時に考慮することができないほど多くの可能性；**en** aliaj **okazoj** ほかの**場合では**；dum ところが，それに反して；**rompi** ～ **en** tre mal/grandajn partojn ～を**分割**して非常に小さい部分にする；problemo 問題；unu post alia ひとつずつ；

nun/tempa 現在の；infano 子ども；lerni 学ぶ；lern/ejo 学校；kiel uzi どのように使うか（使い方）；**tio signifas, ke～ それは～ということを意味する**；**jam de** sia jun/eco すでに幼いときから；post/e あとになって；porti ～ **en la ordinaran vivon** ふだんの生活の中に～を持ち込む；kiel～ ～のように；tiuj ～, kiujn mi **pri/skribis supre** わたしが上に述べた～；esper/eble 望むらくは

La Espero

1 En la mondon venis nova sento,
　Tra la mondo iras forta voko；
　Per flugiloj de facila vento
　Nun de loko flugu ĝi al loko.
5　　Ne al glavo sangon soifanta
　　Ĝi la homan tiras familion：
　　Al la mond' eterne militanta
　　Ĝi promesas sanktan harmonion.

　Sub la sankta signo de l'espero
10 Kolektiĝas pacaj batalantoj,
　Kaj rapide kreskas la afero
　Per laboro de la esperantoj.
　　Forte staras muroj de miljaroj
　　Inter la popoloj dividitaj；
15　　Sed dissaltos la obstinaj baroj,
　　Per la sankta amo disbatitaj.

　Sur neŭtrala lingva fundamento,
　Komprenante unu la alian,
　La popoloj faros en konsento
20 Unu grandan rondon familian.
　　Nia diligenta kolegaro
　　En laboro paca ne laciĝos,
　　Ĝis la bela sonĝo de l'homaro
　　Por eterna ben' efektiviĝos.

　　　　　　D-ro L.L. Zamenhof

espero 希望；
en la mondon venis＝venis en la mondon 生まれた；nova 新しい；sento 感覚；tra la mondo 世界中を；iri 行く；forta 力強い；voko 呼び声；per ～ ～で；flug/ilo つばさ；facila vento 順風；nun いま；de loko al loko あちこちへ；flugu ĝi → ĝi flugu それを飛ばせ→§4；ne al ～ ～へでなく；glavo つるぎ；sangon soif/anta 血にうえている→§14；ĝi la homan tiras familion＝ĝi tiras **la homan familion** それは**人間の家族を**ひっぱってゆく；mondo **eterne milit/anta 永遠に戦っている**世界→§14；promesi 約束する；sankta 神聖な；harmonio 調和；sub ～ ～のもとに；signo しるし；kolekt/iĝi 集まる；paca 平和の；batal/anto 戦士→§15；rapide 急速に；kreski 成長する；afero 事業；laboro 働き, 労働；esper/anto 希望する人→§15；forte がんじょうに；stari 立っている；muro 壁；mil/jaro 1世紀の10倍（＝1000年）；inter ～ ～の間に；popolo 国民, 人民；divid/ita 分割された→§14；sed しかし；dis/salti とび散る＜salti 跳ぶ；obstina 頑固な；baro 障害；amo 愛；dis/bat/ita 粉砕された→§14；neŭtrala 中立の；lingva ことばの；fundamento 基礎；kompren/ante 理解しながら→§15；unu la alian おたがいに；fari つくる；en konsento 同意して；granda 大きな；rondo まどい, 仲間；diligenta 勤勉な；koleg/aro 仲間たち＜kolego 仲間；lac/iĝi 疲れる；ĝis ～ ～まで；bela 美しい；sonĝo 夢；hom/aro 人類＜homo 人間；por～ ～のために；ben'＝beno 祝福；efektiv/iĝi 実現する

ザメンホフ博士のこの詩は，エスペランチストのhimno（賛歌）として，会合でよく歌われます.

基本単語表

aĉet/i	買う	bat/i	打つ
adres/o	あて名	bedaŭr/i	残念に思う
aer/o	空気, 空	bel/a	美しい
afer/o	こと, 事件	best/o	(人間以外の)動物
ag/i	行動する	bezon/i	必要とする
aĝ/o	年齢	bild/o	絵
ajn	(だれ, どこ…)でも (→§20)	bird/o	鳥
akcept/i	受け入れる	blank/a	白い
akv/o	水	blu/a	青い
al ~	~へ, ~に対して	bon/a	よい, 親切な
ali/a	ほかの	bril/i	輝く
almenaŭ	すくなくとも	brul/i	燃える
alt/a	高い	buŝ/o	口
am/i	愛する	cel/i	ねらう
amas/o	群衆, 群	cent	100
ambaŭ	両方の	cert/a	確かな
amik/o	友だち	ĉambr/o	部屋
ankaŭ ~	~もまた	ĉar ~	~なので
ankoraŭ	まだ	ĉe ~	~のところに
anstataŭ ~	~のかわりに	ĉef/o	長, 首領
antaŭ ~	~の前に	ĉeval/o	馬
apart/a	別の	ĉi	近い関係を表す副詞
apenaŭ	やっと	ĉia	あらゆる(種類の)
aper/i	現れる	ĉiam	いつも
april/o	4月	ĉie	いたる所で
apud ~	~のそばに	ĉiel/o	天, 空
arb/o	木	ĉio	すべてのこと, もの
art/o	芸術, 技術	ĉirkaŭ ~	~のまわりに
atend/i	待つ, 期待する	ĉiu	どの~も
atent/i	注意している	ĉu ~	~か
aŭ	それとも	~ da …	~ほどの…
aŭd/i	聞こえる, 聞く	dank/i	感謝する
aŭgust/o	8月	daŭr/i	つづく
aŭskult/i	注意して聞く	de ~	~の, ~によって
aŭtobus/o	バス	decembr/o	12月
aŭtomobil/o	自動車	decid/i	きめる
aŭtun/o	秋	dek	10
baldaŭ	やがて	dekstr/a	右の

demandi	質問する	fenestr/o	窓
dev/i	～しなければならない	ferm/i	閉める
dezir/i	～したいと思っている	fest/i	祝う
dik/a	厚い, 太い	fil/o	息子
dimanĉ/o	日曜日	fin/i	終える
dir/i	いう	fingr/o	指
direkt/i	(～へ)向ける	fiŝ/o	魚
divers/a	いろいろな	flank/o	側
do	では, そこで, だから	flor/i	(花が)咲いている
doktor/o	博士	flug/i	飛ぶ
dolĉ/a	甘い	foj/o	(回数の)回
dolor/i	痛む	for	あちらへ離れて
dom/o	家, マンション(の1棟)	forges/i	忘れる
don/i	与える	form/o	形
dorm/i	眠っている	fort/a	強い
du	2	frap/i	たたく
dum ～	(時間的に)～の間に	frat/o	兄, 弟
ebl/e	～かもしれない	fraŭl/o	未婚の男子
eĉ	～さえも	fremd/a	他国の, 見知らぬ
eduk/i	教育する	fru/a	(時刻, 時期が)早い
edz/o	夫	frukt/o	果実, 成果
ekster ～	～のそとに	gaj/a	陽気な
ekzempl/o	例	gast/o	客
ekzist/i	存在する	gazet/o	雑誌
el ～	～の中から	gest/o	身ぶり, 手まね
elekt/i	選ぶ	glas/o	グラス, コップ
en ～	～の中に	grand/a	大きな, 偉大な
erar/i	まちがう	grav/a	重大な
esper/i	希望する	grup/o	グループ
Esper/ant/o	エスペラント	gvid/i	導く, 案内する
est/i	～である, ～がある	ĝarden/o	庭
estim/i	尊敬する	ĝeneral/a	一般の
facil/a	容易な	ĝi	それ(→§6)
fak/o	部門	ĝis ～	～まで
fakt/o	事実	ĝoj/i	喜ぶ
fal/i	落ちる, たおれる	ĝust/a	正しい, 適切な
famili/o	家族	ha	ああ, おや
far/i	(～を)する, 作る	halt/i	止まる
februar/o	2月	har/o	毛
feliĉ/a	しあわせな	hav/i	持っている, ～がある

hejm/o	家庭	kamp/o	野原, 畑, 分野
help/i	手伝う, 助ける	kant/i	歌う
hieraŭ	きのう	kap/o	頭部, 頭
histori/o	歴史	kapt/i	つかまえる
ho	ああ, おお	kar/a	親愛な, 高価な
hodiaŭ	きょう	kart/o	カード
hom/o	人間	kaŝ/i	隠す
hor/o	時間, 時刻	kaŭz/o	原因
horloĝ/o	時計	ke ～	～ということ
ia	ある(種類・性質の)	kelk/a	いくらかの
iam	いつか	kia	どんな, なんという
ide/o	考え, 理念	kial	なぜ
ie	ある所で	kiam	いつ
ili	彼ら, 彼女ら, それら(→§6)	kie	どこで
infan/o	こども	kiel	どのようにして, ～のように
inform/i	知らせる	kies	だれの
instru/i	教える	kio	なに
inter ～	(空間, 時間)～の間に	kiom	どれほど
interes/i	興味を持たせる	kiu	だれ, どれ, ～するところの
invit/i	招待する	klar/a	明るく澄んだ, 明白な
io	ある物・事, なにか	klas/o	クラス, 階級
iom	いくらか, すこし	klub/o	クラブ
ir/i	行く	knab/o	少年
iu	ある～, ある人	kolekt/i	集める
ja	まったく, 実に	kolor/o	色
jam	もう, すでに	komerc/i	商売する, 貿易する
januar/o	1月	komenc/i	始める
jar/o	年	kompren/i	理解する
je ～	(～時)に	komun/a	共通の, 共同の
jen	そらここに, そら	kon/i	知っている
jes	はい	konduk/i	導く
juli/o	7月	kongres/o	大会
juna	若い, 幼い	konsent/i	同意する
juni/o	6月	konsil/i	助言・忠告する
ĵaŭd/o	木曜日	konstru/i	建てる
ĵet/i	投げる	kontent/a	満足な
ĵus	たった今	kontraŭ ～	～と向かいあって, に対して
kaf/o	コーヒー	kor/o	心臓, 心
kaj	～と, そして	korespond/i	文通する
kalkul/i	数える, 計算する	korp/o	身体

kort/o	(庭園でない)庭	literatur/o	文学
kost/i	価する	loĝ/i	住んでいる
krajon/o	鉛筆	lok/o	所
kred/i	信じる	long/a	長い
kresk/i	成長する	lud/i	遊ぶ, (楽器を)ひく
kri/i	叫ぶ, 泣き叫ぶ	lum/i	光っている, 照っている
krom ~	～のほかに	lund/o	月曜日
krur/o	(人, 動物の)脚	maj/o	5月
kuir/i	(火を使って)料理する	man/o	手
kultur/o	文化	manĝ/i	食べる
kun ~	～とともに	manier/o	仕方
kur/i	走る, 走っている	mank/i	欠けている
kuraĝ/a	勇敢な	mar/o	海
kurs/o	講習会, コース	mard/o	火曜日
kuŝ/i	横たわっている	mark/o	マーク
kvankam ~	～だけれども	mart/o	3月
kvar	4	maŝin/o	機械
kvazaŭ ~	まるで～のように	maten/o	朝
kvin	5	mem	～自身
la	定冠詞(→§12)	membr/o	会員, 一員
labor/i	働く	memor/i	おぼえている
lag/o	湖	merkred/o	水曜日
lakt/o	乳, 牛乳	met/i	おく
land/o	国	metod/o	方法
larĝ/a	幅の広い	mez/o	まん中
las/i	手離す, 放置する	mi	わたし(→§6)
last/a	最後の	mil	1000
laŭ ~	～によると, ～に沿って	milit/i	戦争する
lav/i	洗う	minut/o	分(1時間の1/60)
lecion/o	課, レッスン	mir/i	ふしぎに思う
leg/i	読む	mon/o	かね(金銭)
lern/i	習う, 学習する	monat/o	(暦の)月
leter/o	手紙	mond/o	世界, 世間
lev/i	上げる	mont/o	山
li	彼(→§6)	montr/i	示す
liber/a	自由な	morgaŭ	あす
libr/o	本	mort/i	死ぬ
lig/i	結ぶ	mov/i	動かす
lingv/o	言語	mult/a	多量の
lit/o	ベッド	mur/o	壁, 塀

muzik/o	音楽	paper/o	紙
naci/o	国民	pardon/i	(罪, 人を)ゆるす
nask/i	産む	parol/i	話す
natur/o	自然, 天性	part/o	部分
naŭ	9	patr/o	父
ne	いいえ, ～でない	pec/o	1片
neces/a	必要な	pend/i	かかっている
neĝ/o	雪	pens/i	思う, 考える
nek	～もまた～(し)ない	per ～	～を用いて
nenia	どんな～もない	perd/i	失う
neniam	けっして～(し)ない	permes/i	許す
nenie	どこにも～ない	person/o	個人
nenio	何も～(し)ない	pet/i	頼む
neniu	だれも～(し)ない	pez/i	～の重さがある
ni	わたしたち(→§6)	pied/o	足
nigr/a	黒い	plaĉ/i	～の気にいっている
nokt/o	夜	plej	もっとも, いちばん
nom/o	名前	plen/a	～でいっぱいの
nov/a	新しい	plezur/o	喜び, 愉快
novembr/o	11月	pli	もっと(→§13)
nu	さて, さあ	plu	さらに, それ以上
numer/o	番号	plum/o	ペン, 羽根
nun	いま	pluv/o	雨
nur	～だけ	poem/o	詩
ofic/o	職務	popol/o	民衆, 人民
oft/e	たびたび	por ～	～のために, ～にとって
ok	8	pord/o	入口, ドア
okaz/i	(事件が)起こる, 行われる	port/i	運ぶ, 身につけている
oktobr/o	10月	post ～	～のあとで, ～のうしろに
okul/o	目	postul/i	要求する
okup/i	占める	poŝt/o	郵便
ol	～より(→§13)	pov/i	～できる, ～してもよい
oni	世間の人びと(→§6)	precip/e	とくに
opini/i	という意見である	prefer/i	～のほうを好む
ordinar/a	普通の	prem/i	押さえる, 押す
orient/o	東, 東洋	pren/i	取る
pac/o	平和	prepar/i	準備する
pag/i	支払う	preskaŭ	ほとんど
paĝ/o	ページ	pret/a	用意ができている
pan/o	パン	prezent/i	さし出す, 紹介する

prezid/i	司会する	san/a	健康な
pri ～	～について	sci/i	知っている
printemp/o	春	scienc/o	科学
pro ～	～がもとで, ～ゆえに	se ～	もし～なら
produkt/i	生産する	sed	しかし
proksim/a	近い	seĝ/o	いす
promen/i	散歩する	sekv/i	後につづく
promes/i	約束する	semajn/o	週
propr/a	自身の, 固有の	sen ～	～のない, ～なしに
prov/i	試みる, ためす	send/i	送る
publik/o	公衆	sent/i	感じる
punkt/o	点, ピリオド	sep	7
pur/a	清い, 純粋な	septembr/o	9 月
radi/o	ラジオ, 放射線	serĉ/i	さがし求める
rajt/o	権利	serv/i	仕える, 役に立つ
rakont/i	物語る	ses	6
rapid/a	速い	si	自身 (→§6)
raport/i	報告する, 報道する	sid/i	すわっている
reg/i	統治する	simil/a	類似の
region/o	地方	simpl/a	単純な
regul/o	規則	sinjor/o	(男子の敬称) ～さん, 氏
renkont/i	出会う	skrib/i	書く
respond/i	答える	sol/a	唯一の, ただひとりの
rest/i	滞在する	somer/o	夏
revu/o	評論 (誌)	son/i	鳴る, 音がする
ricev/i	受け取る	special/a	特別の
riĉ/a	金持の, 豊かな	spert/a	経験をつんだ
rid/i	笑う	sport/o	スポーツ
rigard/i	ながめる	staci/o	駅
rilat/i	関係する	star/i	立っている
rimark/i	気づく	strat/o	街路, 通り
rimed/o	手段	stud/i	研究する
ripet/i	繰り返す	student/o	学生
river/o	川	sub ～	～の下に
romp/i	こわす	sufiĉ/a	十分な
ruĝ/a	赤い	sukces/i	成功する
sabat/o	土曜日	sun/o	太陽
saĝ/a	賢い	super ～	(離れて) ～の上に
salut/i	あいさつする	supr/e	上のほうに
sam/a	同じ	sur ～	(接して) ～の上に

ŝajn/i	～のように見える	tut/a	全部の
ŝanĝ/i	変える	universal/a	全世界的, 普遍的な
ŝat/i	高く評価する, 好きである	universitat/o	(総合)大学
ŝi	彼女(→§6)	unu	1
ŝip/o	船	urb/o	都市
ŝtat/o	国家, (アメリカの)州	util/a	有用な
tabl/o	テーブル, 机	uz/i	使う
tag/o	日, 昼	vagon/o	車両
tamen	けれども	valor/i	～の値打がある
te/o	茶	varm/a	あたたかい, 暑い, 熱い
teatr/o	劇場, 演劇	vast/a	広い
telefon/o	電話	ven/i	来る, (相手のところへ)行く
temp/o	時, 時間, 時代	vend/i	売る
ten/i	保持する	vendred/o	金曜日
ter/o	土地, 地球	vent/o	風
tia	そんな	ver/a	本当の
tial	だから	verd/a	緑の
tiam	そのとき	verk/i	著作する
tie	そこに	vesper/o	夕方, 晩
tiel	そのように	vest/o	服
tim/i	恐れる	vetur/i	(乗物で)行く
tio	それ, そのこと	vi	あなた, あなたたち(→§6)
tiom	(数量)それだけ, そんなに	viand/o	食肉
tir/i	引く	vid/i	見る, 見える, 会う
tiu	その, その人	vigl/a	活発な
tra ～	～を通って	vilaĝ/o	村
traduk/i	翻訳する	vintr/o	冬
tranĉ/i	(刃物で)切る	vir/o	男
trankvil/a	平静な	viv/i	生きている 暮らす
trans ～	～を越えて, ～の向うに	vizaĝ/o	顔
tre	たいへん, 非常に	vizit/i	訪問する
tri	3	voĉ/o	声
trink/i	飲む	voj/o	道
tro	あまりに～すぎる	vojaĝ/i	旅行する
trov/i	見つける, ～と気づく	vol/i	～したいと思っている
tuj	すぐ	vort/o	語, 単語
turn/i	回す	zorg/i	～の世話をする